# INVENTAIRE DES ARCHIVES

### DES

# CHATEAUX BRETONS

## VI

## ARCHIVES

### DU

## PRIEURÉ DE SAINT-GEORGES DE TRÉDIAS

### (CÔTES-DU-NORD)

## 1346-1775

### Publiées par

# LE MARQUIS DE L'ESTOURBEILLON

Associé correspondant de la Société nationale des Antiquaires de France,
Inspecteur de la Société française d'Archéologie
Officier d'Académie.

## VANNES

## LIBRAIRIE LAFOLYE

## 1897

# ARCHIVES

DU

## PRIEURÉ DE SAINT-GEORGES DE TRÉDIAS

# INVENTAIRE DES ARCHIVES

## DES

# CHATEAUX BRETONS

---

## VI

## ARCHIVES

### DU

## PRIEURÉ DE SAINT-GEORGES DE TRÉDIAS

(CÔTES-DU-NORD)

### 1346-1775

**Publiées par**

# LE MARQUIS DE L'ESTOURBEILLON

Associé correspondant de la Société nationale des Antiquaires de France,
Inspecteur de la Société française d'Archéologie
Officier d'Académie.

VANNES

LIBRAIRIE LAFOLYE

—

1897

# PRIEURÉ DE SAINT-GEORGES

## DE TRÉDIAS

*D'après un Inventaire inédit des Archives du Prieuré*

Sur les bords charmants du ruisseau de Rosette, qui
sort des côteaux d'Eréac et, après avoir formé le bel
étang de Jugon, se jette près de cette ville dans l'Ar-
guenon dont il est un des principaux affluents de droite,
s'élevait jadis, près du bourg de Trédias, un paisible
monastère, qui pendant près de 450 ans, de 1346 jusqu'à la Révolution, fut pour cette région la providence
des pauvres, et souvent un refuge bienfaisant et hospi-
talier pour les malades, comme il l'avait été aussi à la
fin du moyen-âge pour les nombreux pèlerins qui, ar-
pentant à ses pieds l'ancienne voie romaine de Vannes à
Corseul, accomplissaient pieusement le très célèbre pè-
lerinage des *Sept Saints* de Bretagne. Fondé au début du
XIV° siècle par un pieux chevalier nommé *Geoffroy Le
Vayer*, appartenant à une très ancienne famille du pays
de Gouello, le prieuré-hôpital de Saint-Georges de Trédias en Trémeur, eut pour but, dans la pensée de son

créateur, ces devoirs de charité et d'hospitalisation si en
honneur jadis et qui donnèrent naissance en Bretagne à
une foule de prieurés ou de monastères. Mais les choses
les meilleures sont destinées à disparaître en ce monde
et, malgré les services multiples rendus par le prieuré de
Saint-Georges de Trédias, la tourmente révolutionnaire
l'ayant emporté, comme tant d'autres, son nom seul, et
le souvenir de son existence conservé dans une mauvaise
copie de la charte de fondation, donnée par Dom Morice,
étaient parvenus jusqu'à nous, lorsque ces temps derniers, nous eûmes la bonne fortune de trouver et d'ac-
quérir, chez un bouquiniste de Paris l'*Inventaire* très
détaillé des titres et archives de ce prieuré. Ce curieux
document, venant tout à coup nous donner des détails
précis sur sa vie intérieure, ses ressources, ses faits
et gestes, nous demanderons dès lors à nos amis, les
chercheurs bretons, la permission de les en entretenir
quelques instants.

En fondant ce prieuré-hôpital, Messire Geffroy Le
Vayer, comme nous le verrons plus loin, en confia la
gestion à des religieux Augustins du monastère de Sainte-
Croix du Mans, auxquels il assura des revenus suffi-
sants pour vivre et mener à bien l'œuvre de charité qu'il
avait fait vœu de réaliser. Le 15 décembre 1346, le
prince, Charles de Blois, agissant comme duc de Bretagne, tint à confirmer sans retard cette fondation, et
seize ans plus tard, toujours plein de sollicitude pour les
religieux de ce prieuré, il adressa, d'après notre *Inventaire*, un mandement spécial au sénéchal de Dinan, pour
faire jouir le prieur de Trédias des fromentages des pa-

roisses de Plumaudan et de Saint-Maden, dont le prieur lui avait fait hommage. Les seigneurs de Dinan et nombre de familles, tant de la bourgeoisie que de la noblesse, s'appliquèrent également, si nous en croyons notre *Inventaire*, à favoriser par de pieuses fondations l'extension du prieuré de Saint-Georges de Trédias et le bien-être de ses religieux.

Le 6 avril 1431, n. h. Messire *Guy Rabaud*, chevalier, seigneur d *Iray* et de la *Rabaudière*, fonde au prieuré de Trédias, « une messe annuelle chaque année pour les âmes de ses prédécesseurs avec participation aux prières des religieux, laquelle messe devait être célébrée au jour et feste de saint Georges ou le jour suivant, si le prieur et les religieux étaient occupés ce jour-là ». On devait donner pour cette dotation « une motte de terre avec son circuit avec une mazure et pièce de terre joignant icelle Motte, nommée vulgairement la *Motte*, joignant d'un costé au commun et placite du moulin de Trédias, d'un bout à l'étang de Trédias et d'autre au chemin par lequel on va de Trédias à Sainte-Urielle ».

Le 6 février 1499, nous voyons intervenir une transaction entre les religieux de Saint-Georges, d'une part, et Guillaume *Bourgeault* et dame *Guillemette Maillard*, sa femme au sujet du testament de feu *Eon Maillard*, leur parent, qu'ils avaient refusé d'approuver tout d'abord, mais ratifièrent à cette date. Eon Maillard avait concédé aux religieux diverses donations en raison desquelles ils étaient tenus « de faire dire des prières commémoratives pour son âme le jour de la fête de saint Georges et de faire dire chaque année le jour de la feste de saint Pierre, en l'église paroissiale de Trédias, six messes dont l'une de *Requiem* avec nocturne de morts et respons avec un *Libera* sur la tombe dudit Eon Maillart après ladite messe en priant Dieu pour son âme et celles de ses amis trépassés. »

Le 3 mars 1575, on voit Messire *Louis d'Espinay*, seigneur de la *Marche*, donner à notre prieuré, un domaine assez considérable, sis près le couvent de Saint-Georges, d'une contenance de huit vergées et nommé les *Champs Allieu*, à charge auxdits religieux de prier Dieu, pour ledit seigneur, ses prédécesseurs et ses amis.

Le 15 février 1582, le même seigneur, Messire *Louis d'Espinay* agissant tant pour lui que pour Messire *Charles d'Espinay*, marquis de *Vaucouleurs*, seigneur d'*Yvignac*, son fils, fait au couvent de Trédias une nouvelle fondation dans laquelle on le voit donner, aux religieux, « un grand pré nommé les *Couailles du moulin de Trédias*, appartenant audit seigneur à cause de sa châtellenie d'*Yvignac*, d'une contenance de 3 vergées, joignant d'un côté le *Chemin du Roy* qui conduit du bourg de Trémeur au couvent de Saint-Georges, d'autre côté au pré des religieux au devant du couvent et d'un bout au ruisseau qui flue du château de *Broons* au moulin de Trédias, et en outre une autre pièce de terre nommée *Les Tertres*, en la paroisse de Trémeur, le tout à charge aux religieux de célébrer dans l'église dudit couvent deux messes basses pour ledit seigneur et la feue dame son épouse, l'une le 20 octobre, jour de son décès, l'autre le jour de la saint Louis pendant la vie dudit seigneur et, après son décès, le jour de sa mort avec prières gé-

nérales le jour de saint Georges au prosne de la grand'
messe. »

Nous eussions été heureux de pouvoir trouver dans
notre *Inventaire* des renseignements assez précis, pour
nous permettre d'établir la liste des prieurs du monastère de Saint-Georges de Trédias. L'analyse de ses nombreux actes et titres ne nous a fourni malheureusement
que six noms, ceux de : *Adam de Tournay*, en 1501 ; F.
*Pierre Hubelin*, prieur en 1553 ; Messire *Pierre Bourrelet*,
en 1629 : *Guillaume des Salles*, en 1666 ; *Jean-Nicolas de
Poncy*, en 1755 : dom *Pierre-Louis Wastremaz*, prêtre,
chanoine régulier de Saint-Augustin, en 1766-1775.
Par ailleurs que si nous examinons les 418 pièces ana-
lysées d'une façon très complète dans cet *Inventaire*, nous
voyons qu'elles ont pour objet une grande quantité de
transactions, de contrats d'acquêts ou de ventes, d'arren-
tements, d'échanges divers ou des aveux, présentant
pour l'histoire locale une foule de détails aussi intéres-
sants qu'inédits. Les principaux personnages, cités comme
ayant eu alors des relations à des titres divers avec le
prieuré de Saint-Georges, sont : Messire Geoffroy *Le
Vayer* ; Guy *Rabaud*, S^gr de la *Bouexière* ; Olivier *Le
Vayer*, S^gr de *Trégomar* ; Guillaume de *Lorgeril* ; Jean et
Louis d'*Yvignac* ; Regnault *Le Vayer*, S^gr de la *Haye-
Pesnel* : Rolland de la *Motte*, S^gr du *Menubois* ; Dame
Gillette de la *Motte*, veuve d'Alain *Bertho de Beaulieu*, en
premières noces, puis épouse en secondes noces de
Charles *Le Mintier*, S^gr de *Pontalasne* ; Louis d'*Espinay*,
S^gr de la *Marche* ; Nicolas *Le Vayer*, S^gr du *Lou* ; Jacques
*Le Vayer*, S^gr de *Trégomar* ; Charles d'*Espinay*, marquis

de *Vaucouleurs* ; François de *Tremigon*, V^(te) de *Kerinan*, époux de Servanne *Frostel* ; D^(elle) Servanne de *Tremigon* ; René de *Kergu*, S^(gr) des *Vaux*, etc.

La plupart de ces actes mériteraient d'être étudiés en détail, mais nous nous bornerons à en signaler quelques-uns présentant pour le pays un intérêt plus particulier. Voici d'abord : un Acte de reconnaissance du 20 octobre 1461, fourni aux religieux de Saint-Georges par Messire Guillaume de *Lorgeril*, fils de Jean, « portant qu'il doit auxdits religieux 11 sols 8 deniers de rente, francs de taille au terme de saint Gilles, sur l'hypothèque d'une maison sise à Jugon, en la rue de *Souzain Martray*, laquelle rente était auparavant de 14 livres et avait été réduite de 2 livres 4 sols à cause de sa contribution à la taille. »

Un compromis du 23 février 1472, passé entre les religieux de Saint-Georges d'une part et Jean d'*Yvignac* et Louis d'*Yvignac*, Jean *Dumoulin* et Geoffroy *Pactré*, d'autre part, « au sujet de pescheries créées par les religieux sur leurs terres et qui, démolies à main armée par ordre des comparants, provoquèrent de longs débats judiciaires qui ne furent clos que par un arbitrage. »

Une assignation donnée par ordre des religieux, le 20 mai 1554, à M^e Guillaume *Le Clavier*, maître d'école au bourg de Trédias ; ce qui prouve une fois de plus l'existence d'instituteurs dans nos campagnes au milieu du XVI^e siècle.

Un acte d'atournance du 27 novembre 1581, document des plus curieux, donnant la liste de tous les hommes et sujets du prieuré au nombre de 63, avec mention des redevances dues par chacun d'eux.

Puis une déclaration du prieur Pierre-Louis *Wastremaz*, en date du 2 octobre 1766, nous faisant connaître tous les revenus du prieuré à cette époque, lesquels s'élevaient à la somme de 968 livres, plus 30 mines de froment et 13 de seigle comme redevances.

Enfin, passerons-nous sous silence une curieuse permission de chasse, donnée aux religieux de Saint-Georges en 1608, par M^{gr} Hercule de *Rohan*, duc de *Montbazon*, pair et grand veneur de France, l'autorisant à tirer à l'arquebuse toutes sortes de gibier, non deffendu par les Ordonnances du Roi.

Puis le procès-verbal des ornements du monastère, en date du 16 septembre 1665.

Un acte de notoriété passé devant les notaires de Broons, portant attestation des *Aumônes* faites par le monastère, daté des 3, 4 et 5 mars 1676.

Enfin une curieuse procédure de 1697, au sujet de la pourvoyance d'un *enfant trouvé*.

Toutes ces pièces, contenant chacune quelque détail nouveau sur la vie d'autrefois, dans un coin du pays de Broons, nous ont parues dignes d'être citées. — Pourquoi faut-il que le rédacteur de notre Inventaire n'ait pas cru devoir nous rapporter en détail un *Monitoire* du 4 décembre 1660.

Néanmoins, cet Inventaire, tel qu'il est, nous donne bien un aperçu général de l'histoire de ce prieuré, dont le rôle, tout modeste qu'il ait été, fut cependant bien rempli. Le vaillant prince Charles de Blois, toujours prêt à favoriser les louables entreprises, n'avait pas hésité à confirmer, comme nous l'avons dit, quelques mois à peine après sa fondation, l'œuvre charitable de *Geoffroy Le Vayer*. Et si, vu sa longueur, nous n'avons pas cru devoir rapporter ici in-extenso l'acte de cette fondation, du moins ne croyons-nous pas pouvoir omettre les lettres confirmatives si curieuses données par Charles de Blois. Ecoutons à cet égard le langage d'un prince chrétien.

« Nous, *Charles*, duc de *Bretagne*, vicomte de *Limoges*, sire de *Guiche* et du *Maine* et nous, *Julienne* (Jehanne), duchesse de *Bretagne*, o l'authorité de nous, le Duc, à ladite duchesse nostre très chier compagne, donnée quant à toutes les choses qui ensuyvent, faisons savoir à tous, que comme nostre très cher ami baschelier, Monsour Geffroy *Le Veier* et dame Jeanne (Rouxel), sa femme, ayant commencé et fondé, et ayant entente et volonté de parfaire et achever en l'honneur de Dieu nostre Créateur et nostre Dame la beniste et glorieuse Vierge, nostre Dame et de la vraie sainte Croix et de Monsieur saint Jacques et toute la sainte compaignie de Paradis, un hospital au bout de la chaussée de Trédias en la paroisse de Tremeur, sur le chemin des Sept Saints de Biconguy en le diocèse de Saint-Malo et mestre illec- que et tenir frères religieux de Sainte-Croix de l'ordre de Saint Augustin ; d'en suivant pour faire les divins offices et autres pour leurs vivres, soustenance et en- tretien de leurs maisons, donnons quatre journaux de terre, journées à cinq hommes de présent et cinq jour- naux de pré, trente mines de froment des fouages de Guilliers et paroisses de Plumaudan et Saint-Maden ; vingt mines de seigle en leurs dismes de nostre chastel- lenie des Bois, en deniers monnoie courante par chacun an. Item ès pauvres passans et demourans outre, par ledit submis et donné trente mines de seigle sur lesdites dismes de laditte châtellenie à estre données et ordonnées esdits pauvres par la main du priour dudist lieu par chacun an. C'est assavoir, par chacune sepmaine, un cartron perpetuellement et sera tenu chacun priour jurer sur le corps sacré de Notre-Seigneur, à son entrée, les alouer et profitablement à son pouvoir icelle aumosne, donner et ordonner et lesdits Messire Geffroy et Dame Jeanne, nous ayant humblement requis et supplié, que nous pleust nous assentir esdites choses, et nous, considerans leurs bonnes volontés et leur juste supllication. nous sommes assenti esdites choses comme pour nous, et par nos lettres les confirmons, approuvons et ratiffions pour le salut et remède de nos âmes et de nos successeurs et des âmes d'eux et des leurs et voulons qu'elles soient perpetuellement fermes et stables, enterinées et accomplies et fermement maintenues de point en point, comme dessus est décidé et ordonné, sans les enfraindre ne venir en outre en aucune manière, sauf à retenir à nous et à nos hoirs nostre jurisdiction, seigneurie, obéissance et autres debvoirs. Donné, sous nos sceaux, à Jugon, le 15<sup>e</sup> jour de décembre l'an mil trois cent quarante-six (*Arch. des Côtes-du-Nord, Série H*).

Plusieurs historiens et notamment dans notre région, M. Léon Maître, archiviste de la Loire-Inférieure, pour ce département et la Mayenne, ont démontré dans leurs ouvrages, l'esprit de charité qui animait nos pères et énuméré les innombrables établissements hospitaliers qui couvraient jadis nos campagnes, jamais peut-être plus qu'aux XIII<sup>e</sup> et XIV<sup>e</sup> siècles, l'*assistance publique* ne fut aussi florissante. C'est qu'à cette époque l'âme de tous ces chevaliers, de tous ces chrétiens était pétrie de vaillance, de foi et de charité, et, si l'esprit de certains guerriers était hanté parfois de cruautés sauvages, le cœur des hommes de Foi, qui formaient la grande majorité de la nation, n'était préoccupé que du bien-être des malheureux.

M<sup>is</sup> DE L'ESTOURBEILLON.

# INVENTAIRE

DES

# ARCHIVES DU PRIEURÉ

## FONDATION DU PRIEURÉ

### de Saint-Georges de Trédias

*18 août 1346.*

— I —

Sçachent tous que près nostre court de Rennes en droit person-
nellement establi : *Geoffroy Le Veier*, chevalier, et dame *Jeanne*, sa
compagne, o les authorité dudit Geoffroy, son seigneur, et de René
Rouxel, son père qui les autres choses recongnurent et confessèrent
avoir faict et fondé : une maison en l'honneur de la Benoiste Vierge
et de son Benoist Fils, nostre Créateur et de Monsieur saint Jacques
pour le salut de leurs âmes, (et) un hospital scis au bout de la
chaussée de Tredias en la paroisse de Tremeur, en le diocèse de
Saint-Malo, auquel il est dit avoir perpétuellement illecque demourant pour Dieu servir et faisons les divins offices quatre prestres,
messe chantans qui sont et seront tenus par chacun jour, Dieu servir et célébrer trois messes, une à note, et deux en bas, pendant le
cours de la vie desdits maistres ; une du Saint-Esprit, une de
Nostre-Dame et l'autre de *Requiem* pour les deffuns, et après leurs
décèz, une messe de Nostre-Dame, une basse messe de *Requiem* et
l'autre tierce messe de *Requiem* solennel et à note, ensemble o ses
prières, oraisons faites pour leur fondation, comme il appartient ;
et s'il advient que pour faire leurs questes ou pour autres négoces
de leurs maisons, ils fussent en partie d'eux occupés ou empeschés,

ils sont et seront tenus chanter et célébrer comme dict est, ès lieux où ils seroient ; et pour se lesdits maistres sçavent et entendent que l'on ne doit prendre, ne accepter les biens et dons spirituels sans aucune renuméracion en faire et que pour la soutenance desdits chapelains, est mestier, ordre et establir de quoy ils puissent vivre et querir leur nécessaire vie ordinaire, ont voulu lesdits maistres o les authorités dessus données, que en ladite maison soient quatre frères de Sainte-Croix de l'ordre de saint Augustin, qui ont et auront et sont et seront donnés, et déjà leurs ont baillé l'un, et assis trente mines de froment à la mesure de Plumaudan, sur les fromentages de cette paroisse ; — Item dix mines de seigle à la mesure de Jugon, sur la disme en la paroisse de Saint-Ygneuc ; et en outre ce ont voulu lesdits maistres bailler et asseoir ladite maison ensemble o quatre journaux de terre, sis au prochant et environ ladite maison franches et quittes de toutes rentes et d'autres services; tenant toutes ces choses et chacune d'elles, du duc de Bretagne, qui lors est et des ducs de Bretagne qui pour les temps seront. Item veulent que pour les robbes et chaussements desdits chapellains, par chacune foire de saint Michel à Jugon, en la maison desdits hoirs desdits maistres, sur leurs conquetz, soient payés de ladite châtellenie ouyt livres ; et s'ils en estoient en demeure ou en deffaut, ils veulent et ont voulu que de chacun jour deffaut y aurait, soit commise peine de cinq solz à estre en outre et paiée esdits religieux, comme leur principal soit. — Item, ont voulu et ordonné que sur leurs biens mobiles, soient pris, payés pour faire les édifices de ladicte maison, deux cents livres de monnoie courante. — Item, ont voulu et ordonné lesdits maistres o les authorités dessus données, que sur leurs dismes de Saint-Igneuc, soit baillez et paiés par chacun an pour ladite maison, trente mines de seigle à la mesure de Jugon, pour donner à condition es pauvres de ladite Maison environ et aux illecques passans ; et jurera sur le corps Dieu tout sacré (tout nouveau prieur), d'establir et entretenir justement cette donaison de blé et le tout à l'usage et profit des pauvres, et toutes ces choses et chacune fermement tenir et garantir et les accomplir génerallement lesdits Maistres ; et à ce, eux et leurs hoirs et tous leurs biens mobiles et immobiles présens et futurs obligent et voudront (*sic*) ordonner que chacun de leurs hoirs et des hoirs de leurs hoirs continuent, et avant d'entrer en foy ne en hommage de leur succession ou de partie de celle, jurâssent cette ordonnance fermement et accomplir en tant comme à chacun exhoura ou si aucun d'eux, en estoient en demeure ou en deffaut, que tout le demourant de leurs conquets soit donné et aumosné par la main dudit prieur par chacun an, la portion ou partie de celuy ou de ceux qui en deffaut en seroient et déjà en soient et en exhereditent du tout et pour entier et pour ce que ceste ordonnance soit sainement tenue et gardée et que plus agréable soit au duc, qui ores est ou à ceux qui pour le temps seront, ont voulu et ordonné lesdits maîtres, que sur la portion de celuy ou de ceux qui en défaut et en refus en feroient, ils aient la tierce partie qui leur demourera perpetuellement ; et pour faire et tenir en outre plus et sur le demourant de ladite ordonnance, et toutes les choses dessus dites et chacune soient tenus garder et accomplir, deffendre et garantir et en outre non venir, jurées, lesdits Maistres o les données, authorités pour eux et leurs hoirs, et en ce serment, jugés et condamnés pour contents. Donné tesmoign nostre sceau establi à nos autres lettres ou le scel est desdits Maistres, ensemble o le propre sceau dudit maître Geffroy pour luy et le sceau Jean Bellangier à la requeste de pour luy et le sceau Jean Bellangier à la requeste de ladite dame Jehanne, o les données, authorités et le sceau Gilles Morin à la requeste dudit René Rouxel. En tesmoign de ce, avons mis à ces lettres, sauf nos droits et tous autres. Ce fut donné le vendredy environ la feste de l'Assomption de Nostre-Dame Vierge en l'an de grâce mil trois cent quarante-six ans. Passe desdits Maistres et Robert Poignant.

(Arch. des Côtes-du-Nord, Série II.)

— 2 —

*15 décembre 1346.* — Copie des Lettres du duc de Bretagne (Charles de Blois) confirmant la fondation du Prieuré de Saint-Georges de Tredias.

## — 3 —

*7 décembre 1362.* — Mandement du duc de Bretagne adressé au sénéchal de Dinan pour faire jouir le prieur de Tredias, des fromentages aux paroisses de *Plumaudan* et de *Saint-Maden*, dont ledit Prieur avait fait l'hommage au Duc.

## — 4 —

*28 may 1364.* — Transaction entre les prieurs et religieux de l'Hôpital de Saint-Georges, d'une part, et Robin Geffrieu, d'autre part, par laquelle il est reconnu, que suivant la fondation dudit hôpital, il était dû auxdits Prieur et religieux 5o sols de rente, assis sur une Maison que tenoit ledit Robin en la ville de Jugon, en la rue des *Forges* ; que ladite maison étant tombée en ruines, il s'était élevé entre les parties, contestation sur le payement de ladite rente serait réduite à 3o sols avec l'obligation pour ledit Robin d'en continuer le payement à l'avenir.

## — 5 —

*6 avril 1431.* — Fondation faite en l'Hôpital de Saint-Georges de Tredias par noble homme Guy Rabaud, chevalier, sgr d'Iray, de la Rabaudière et de la Bouëssière[1], d'une messe annuelle chaque année pour les âmes des prédécesseurs du fondateur, avec participation aux prières des Religieux, laquelle messe doit être célébrée au jour et feste de saint Georges ou au jour suivant au cas que le Prieur et les religieux fussent occupés ledit jour. Et, pour la dotation de cette fondation, ledit seigneur donne audit hôpital : « Une motte de terre auprès et au joignant d'icelle motte, nommée vulgairement : la *Motte*, joignant d'un côté au commun et plante du moulin de Tredias et d'autre bout au chemin par lequel l'on va du chemin de Tredias à Sainte-Urielle.

[1] Guy RABAUD. — La famille Rabaud, originaire de la paroisse de Domagné, évêché de Rennes, remonte jusqu'au XIIIe siècle en la personne de Pierre Rabaud, croisé en 1248. Elle portait pour armes : *De gueules à 3 poignards d'argent en bande, la pointe en bas.*

## — 6 —

*19 mars 1432.* — Donation consentie à l'Hôpital de Saint-Georges
de Tredias par Jamet Le Peltier, paroissien de Tredias,, d'une pièce
de terre en la paroisse de Sainte-Urielle contenant environ une
journée à quatre bécheurs, joignant d'un côté la terre donné audit
Hôpital par Guy Rabaud, d'un bout à l'Etang du Moulin de Tredias
et d'autre bout au chemin par lequel on va de l'Etang de Tredias
à la *Forge Burnel*. Ledit sieur Le Peltier fait cette donation pour
être participant et associé lui et ses amis, vifs et décédés, ès messes,
aumônes, services et bienfaits dudit Hôpital de Saint-Georges.

## — 7 —

*24 janvier 1450.* — Commission et assignation donnée en la cour
de Jugon à noble écuyer Robin Rouxel[1], de la part du prieur de
l'hôpital Saint-Georges de Tredias, au sujet d'une contestation de
terrains. (Sans détails).

## — 8 —

*5 avril 1454.* — Contrat d'échange entre noble homme messire
Olivier Le Vayer, sgr de Tregomar, Le Lou et Launay[1], d'une part,
et les religieux du prieuré de Saint-Georges de Tredias d'autre part,
par lequel ledit seigneur cède aux religieux, savoir : une pièce de
terre près de l'église de *Sainte-Urielle* qui , autrefois fut à Olivier
Guillot, contenant environ 1/4 de journal, joignant d'un costé au
chemin qui va du moulin de Tredias au presbytère de Sainte-
Urielle. Et pour récompense, lesdits religieux cèdent audit seigneur :
la place à faire un colombier en une Motte située près le moulin de

----

[1] Robin ROUXEL. — Il s'agit sans doute ici d'un membre de la famille *Rouxel*,
sgr de la Croix, la Villemalherbe en Saint-Père et de la Motte en Saint-Jouan de
Lisle, non loin de Tredias, qui portait pour armes : *D'azur à 3 molettes d'argent.*

[1] Olivier LE VAYER, sgr de TREGOMAR. — Famille d'origine et d'extraction chevaleresque, qui remontait à messire Geoffroy Le Vayer, sgr de Mené-Briac, témoin
d'une fondation à l'abbaye de Saint-Aubin-des-Bois en 1223. Armes : *D'argent
à 3 haches d'armes de sable.*

Tredias, avec le tour d'une échelle autour dudit colombier, joignant ladite motte d'une part à l'étang de Tredias et d'autre aux terres desdits religieux, avec entrée, issue et espace pour nettoyer ledit colombier, et obligation aux religieux d'abattre les bois recouvrant ladite motte, excepté les arbres à fruits qui y demeureront, et dont ils jouiront ; lesdits héritages francs de rente, fors dixme et obéissance.

## — 9 —

*20 octobre 1461*. — Acte de reconnaissance fourni aux religieux de Saint-Georges de Tredias par Guillaume de Lorgeril, écuyer, fils de Jean[1], portant qu'il doit auxdits religieux 11 sols 8 deniers de rente, francs de taille, au terme de saint Gilles, sur l'hypothèque d'une maison située à Jugon en la rue de *Souzain-Martray*, laquelle rente était auparavant de 14 sols et avait été réduite à 2 sols 4 deniers à cause de sa contribution à la taille.

## — 10-13 —

*24 mars 1464*. — Quatre reconnaissances fournies au Prieuré de Saint-Georges de Tredias, ce même jour :

La première par..... portant qu'elle tient en la paroisse de..... une pièce de terre nommée *le Clos Prigent*, contenant environ un journal, une autre pièce de 1/4 de journal et une autre d'un journal, pour lesquelles elle doit aux religieux un boisseau et un godet de froment de rente.

La deuxième fournie par Robert Dubreil, portant qu'il doit auxdits religieux 10 godets de froment de rente à cause de lui, 4 godets et 1/2 boisseau, à cause de Robert Prinquet, demeurant à Yvignac.

La troisième fournie par Guillaume Pestel, comme garde de Marguerite, fille de Jean Pestel, son fils, portant qu'il doit auxdits religieux le 1/3 de deux godets de froment au terme de Noël, à cause de Raoul Chounême.

---

[1] Guillaume et Jean DE LORGERIL. — Ancienne famille chevaleresque, remontant à Alain de Lorgeril, croisé en 1248 et portant pour armes : *De gueules au chevron d'hermines, accompagné de 3 molettes d'or*. (Sceau de 1381).

La quatrième fournie par Berthelot Haouysée, à cause de sa femme, portant qu'il doit 1/3 de 2 godets de froment, à Noël, en décharge de Raoul Chouhême, à peine de 25 sols d'amende

— 14 —

*14 janvier 1467.* — Arrentement consenti par les religieux de Saint-Georges à Jean Mouësson, d'une pièce de terre contenant environ un 1/2 journal, joignant d'un côté et d'un bout la terre d'Estienne Olivier, à charge audit Mouësson de payer chaque année à noble et puissant seigneur Jean Goueon, sgr de Caesden[1], 4 sols de rente au terme de Saint-Gilles en acquit desdits religieux qui devaient ladite rente audit seigneur, sur l'hypothèque de ladite pièce et autres héritages leur appartenant, tenus ainsi que ladite pièce dudit seigneur de Caesden.

— 15 —

*5 novembre 1470.* — Acte de ratification passé entre le prieur de Saint-Georges, d'une part, et Jean du Bouays, d'autre part, d'un contrat d'échange passé entre eux, le 6 octobre précédent, par lequel ledit du Bouays avait cédé audit prieur, savoir : une pièce de terre en la paroisse de *Tremeur*, près l'hôpital de Saint-Georges, contenant environ 2/3 de journal, joignant d'un bout au chemin par lequel l'on va dudit hôpital au bourg de Tremeur, appelé *le Chemin des Pèlerins*, chargée de 11 deniers de rente dus à Messire Olivier Le Vayer, sgr de Tregomar, dixme et obéissance, suivant coutume. Et pour récompense ledit prieur avait baillé audit du Bouays 6 sols 8 deniers de rente dus audit prieuré par Pierre Davy, de Jugon.

— 16 —

*5 novembre 1470.* — Vente consentie par Jean du Bouays à Noël Gicquel, de 6 sols 8 deniers de rente, dus audit du Bouays par Pierre Davy, de Jugon, sur gage suffisant et valable, ladite rente

---

[1] Jean GOUÉON. — Ramage de l'ancienne et très illustre famille des *Gouyon-Matignon*, portant pour armes : *D'or à deux léopards de gueules.*

advenue audit du Bouays, par suite d'échange avec le prieur de Saint-Georges de Tredias.

— 17 —

*31 août 1471.* — Vente consentie par Jean du Bouays, gendre de Geoffroy Jolivet, au procureur de l'hôpital de Saint-Georges de Tredias, de cinq deniers de rente de France, prisage en fonds et assiette d'héritages sur une pièce de terre située au village de *Membouays*, en la paroisse de Tremeur, ès fiefs proche de Michel Roland, sgr du Noday[1].

— 18 —

*19 janvier 1472.* — Acte de subrogation d'une rente de 6 sols 8 deniers, consenti par Noël Gicquel au profit des religieux de Saint-Georges de Tredias.

— 19 —

*23 février 1472.* — Compromis passé entre les religieux de Saint-Georges de Tredias, d'une part et Jean d'*Yvignac*, sieur d'*Yvignac*, Louis d'Yvignac[2], Jean Dumoulin et Geoffroy Pactré d'autre part, duquel il appert que lesdits religieux avoient fait faire des pêcheries dans leurs terres, lesquelles avoient été démolies à force ouverte par les deffendeurs. Un long procès ayant eu lieu à cet égard, il ne fut terminé que par l'intermédiaire d'arbitres choisis d'un commun accord entre les parties.

— 20 —

*29 avril 1472.* — Contrat d'échange passé entre le prieur du prieuré de l'Hôpital de Saint-Georges de Tredias, d'une part, et Raoul Cillart, barbier, d'autre part, par lequel le dit prieur lui a baillé,

---

[1] Michel ROLLAND DU NODAY. — Très ancienne famille, originaire de la paroisse de Tremeur, et remontant à Éon Rolland, sgr du Noday, que l'on voit ratifier le traité de Guérande en 1381. Armes : *D'argent au chevron de gueules accompagné de 3 molettes de même.*

[2] Jean et Louis d'YVIGNAC. — Ancienne famille chevaleresque qui eut pour berceau la paroisse de ce nom et remonte à Olivier d'Yvignac, croisé en 1248. Armes : *D'argent à deux fasces de sable.* — Devise : *Selon le temps.*

savoir : un boisseau de seigle de rente, mesure Jugon, dû par Jean Lefeuvre du village du *Rotouez*, en la paroisse de Plenest (Plenée), sur l'hypothèque d'une pièce de terre, autrement dite : de la *Croix-Grignent*, suivant un contrat du 1er juillet 1430, remis par ledit prieur auditCillard, et en retour, ledit Cillard cède audit prieur, une pièce de terre sise près le prieuré de Saint-Georges nommée : *Les Champs Alieu*, contenant environ 1/3 de journal, joignant les terres desdits religieux.

— 21 —

*25 mai 1474.* — Obligation consentie par Jean Regnaud, de la paroisse de Tremeur, au profit des religieux du couvent de Saint-de Tredias d'une somme de 35 sols monnoye due pour levée d'une pièce de terre près ledit couvent.

— 22 —

*13 mai 1476.* — Donation faite au prieuré de Saint-Georges de Tredias, par Mathurine Bardoul, veuve de Jean Uguet, d'une pièce de terre sise ès *Champs Alieu*, contenant un journal 1/2, tenue prochement et noblement du sieur de la Haye, franche de rente, fors dixme et obéissance, pour être participante et ses amis, ès prières, oraisons et bienfaits dudit couvent.

— 23 —

*17 décembre 1480.* — Acte par lequel il appert que les Religieux du prieuré de Saint-Georges avaient fait bannir une maison et herbergement située en la rue des *Forges* de la ville de Jugon, pour défaut de payement de 20 sols de rente leur dus sur ladite maison ; auxquelles bannies, s'opposa Mathelin Travaillé, en demande de retrait sous ses offres de continuer ladite rente, auquel retrait consentirent lesdits religieux. En conséquence ladite Matheline s'obligea de leur payer, pour lesdits 20 sols de rente, deux boisseaux de froment et deux boisseaux 1/2 de seigle, mesure de Jugon, portable audit prieuré le jour de Saint-Michel, sur hypothèque valable en la paroisse de Megrit et par le même acte ladite Matheline céda ladite maison à Siméon Trageart aux conditions dudit acte.

— 24 —

*6 mai 1481.* — Acte passé entre le prieur de Saint-Georges, d'une part et Noël Gicquel d'autre part, portant que ledit prieur avait acquis d'avec Guillemet.... une pièce de terre, située au tenement des *Champs Alieu,* contenant environ 1/2 journal, tenu de la seigneurie du Rocher à une écuellée d'avoine de rente au terme de Noël et 12 boisseaux de seigle, mesure de Broons, auquel contrat s'étoit opposé ledit Noël Gicquel, en demande de retrait qui lui avait été adjugé, faisant son devoir de remboursement conformément à la coutume, et, en conséquence ledit Noël Gicquel fit ledit remboursement et resta propriétaire de ladite pièce, avec stipulation que si dans l'année ledit Prieur remboursait ladite somme audit Gicquel, il rentrerait en possession de ladite pièce.

— 25 —

*10 juin 1482.* — Traité passé entre les religieux de Saint-Georges d'une part, et Noël Quinquenel, pour et au nom de Perrine Renouvel, sa femme, et consorts, d'autre part, par lequel il fut reconnu que dès le 1er décembre 1470, ont lieu un contrat d'échange entre lesdits religieux d'une part, par lequel, lesdits religieux avaient cédé à ladite Renouvel, savoir : 6 boisseaux 1/2 de froment de rente, mesure de Plumaudan, dus auxdits religieux par Noël Chouette, sur hypothèque valable, et en retour ladite Renouvel avait cédé auxdits religieux une pièce de terre en la paroisse de Tremeur, proche l'hôpital de Saint-Georges, contenant environ 2/3 de journal, joignant d'un côté auxdits religieux, et d'un bout au chemin qui va dudit hôpital à Tremeur, nommé le *Chemin des Pèlerins,* tenue prochement de N. Le Compte et sa femme à cause d'elle, sieur et dame de Penguily, à charge de 7 deniers de rente.

— 26 —

*26 juillet 1482.* — Accord entre le prieur de Saint-Georges d'une part, et Guillaume de Lorgeril, d'autre part, touchant les levées de quatre années échues de 15 sols de rente dus audit couvent par ledit sieur de Lorgeril, sur l'hypothèque de la maison et jardin en laquelle il demeurait.

— 27 —

*16 avril, après Pasques 1491.* — Accord entre le procureur des religieux de Saint-Georges, d'une part, et Guillaume Sevestre, de la paroisse de Plumaudan, d'autre part, pour lequel il est reconnu que ledit Sevestre avait été receveur des rentes dues audit prieuré de Saint-Georges, dans les paroisses de Plumaudan et de Saint-Maden, pour deux ans, depuis lesdits ans précédents, et il n'en avait point rendu compte, quoiqu'il y eut été condamné. Pour arrêter toute procédure à cet égard, ledit Sevestre s'oblige à payer au terme de la Pentecôte prochaine auxdits religieux, 4 sols monnoie, moyennant quoi, il est déclaré quitte desdites rentes ; il s'oblige par contre à remettre aux religieux le papier minu desdites recettes.

— 28 —

*20 juin 1493.* — Sentence de la cour de Jugon, rendue entre le prieur de Saint-Georges de Tredias, d'une part, et Jean Richard, d'autre part, de laquelle il ressort que ledit Richard possédait la moitié d'une maison, courtil et herbergement près la ville de Jugon, sous le fief d'icelle, nommée *Govello*, joignant d'un bout la rue de *Bourgneuf*, sur laquelle maison, ledit prieur prétendait qu'il était dû 18 sols de rente audit couvent, au terme de saint Michel dont il réclamait la moitié audit Richard. Sur le réquisitoire de ce dernier, il lui fut accordé un délai pour donner des garanties.

— 29 —

*29 mars 1497.* — Echange consenti entre les religieux de Saint-Georges, d'une part, et noble Regnaud Le Vayer, sgr de la *Haye-Pesnet* et du *Motay*, d'autre part, par lequel lesdits religieux ont cédé audit seigneur, savoir : une pièce de terre, située au *Grand-Trait*, contenant environ 1/4 de journal et une autre d'un journal, plus une autre pièce sise au trait de *Bauruz*, joignant la lande de ce nom et ont reçu en retour promesse de pareille quantité de terres et rentes ès paroisses de Tremeur, Trédias et Sainte-Urielle, en chaume ou l'une d'icelle, aux fins et prisage qui sera fait par expert convenus entre eux.

— 3o —

*6 février 1499.* — Transaction passée entre les religieux du prieuré de Saint-Georges de Trédias, d'une part, et Guillaume Bourgeault et Guillemette Maillard, sa femme, d'autre part par laquelle, il est reconnu que feu Eon *Maillard*, de la paroisse de Tredias avait par son testament, donné audit prieuré de Saint-Georges, savoir : deux pièces de terre, situées près Tredias, contenant environ 1/2 journal, chacune et se joignant ; que lesdits Bourgeault et sa femme avaient voulu faire annuler ledit testament ce qui donna naissance à de longs procès qui ne se terminèrent que par l'approbation et ratification dudit testament par ledit Bourgeault et sa femme l'obligation pour l'avenir prise par lesdits religieux de faire faire prières et commémoration pour l'âme dudit feu Eon Maillard, chacun an au jour et fête de saint Georges en l'église dudit couvent en l'endroit et avec les autres prières pour les âmes de ses premiers fondateurs et en outre le jour et feste de saint Pierre chacun an, et dire et faire dire en l'église paroissiale de Tredias, six messes dont l'une de *Requiem* avec Nocturne des morts et respons plus un *Libera* sur la tombe dudit Eon Maillart, après ladite messe, en priant Dieu pour son âme et celles de ses amis trépassez ; et pour dédommager lesdits Bourgeault et femme des mises par eux faites à l'occasion dudit testament, lesdits Religieux leur payeront deux écus.

— 3i —

*24 juillet 1499.* — Echange passé entre le prieur de Saint-Georges de Tredias, d'une part, et M⁰ Noël Bauldet, stipulant, Yzabeau Bauldet et Jean Bauldet, d'autre part. par lequel lesdits Bauldet ont cédé audit prieur, savoir : un pré en la paroisse de Trémeur nommé le *Pré de Beaumont,* contenant environ une journée d'homme faucheur, joignant d'un chef au ruisseau qui descend du moulin de Tredias au moulin d'Yvignac, tenu prochement de la Cour de

Bécherel, à charge de 1 denier, demi maille de rente et chargé d'un droit de foin envers noble homme Guillaume de la Motte et ses consorts à cause de leur mère, lequel droit consiste en 1/14ᵉ de foin, croissant en ladite pièce, et reçoivent en retour dudit prieur 12 sols de rente dues audit prieur en la paroisse de Pleneist (Plénée) sur un nommé Guillaume Davy de ladite paroisse.

— 32 —

*6 janvier 1501.* — Contrat de vente consenti par Bertrand Touche et sa femme au prieur de Saint-Georges de Tredias, d'une pièce de terre d'un journal environ, joignant d'un côté et d'un bout les terres du couvent de Saint-Georges, ladite pièce tenue prochement du seigneur d'Yvignac, à charge de 10 sols de rente au terme de Saint-Gilles, dixme et obéissance.

— 33 —

*1ᵉʳ mars 1501.* — Reconnaissance fournie au prieuré de Saint-Georges de Tredias, par Guillaume de Lorgeril, d'une rente de 15 sols au terme de Saint-Gilles, due par lui, sur l'hypothèque d'une maison en la ville de Jugon en la rue *Souzain-Martray*.

— 34 —

*4 janvier 1502.* — Echange consenti entre le prieur de Saint-Georges de Tredias, d'une part, et Bertrand Gaulvacen, d'autre part, en vertu duquel ledit Prieur cède audit Gaulvacen, savoir : 10 sols de rente censive dus audit prieuré au terme de Saint-Gilles par Eonnet Rollier, et reçoit en retour, savoir : une pièce de terre en la paroisse de Tremeur au tenement du *Menubois*, contenant environ 2/3 de journal, joignant d'un bout le chemin qui va du village à l'hôpital dudit Saint-Georges, tenue prochement de la seigneurie de Becherel à charge de 2 deniers de rente, dixme et obéissance.

— 35 —

*17 mars 1502.* — Transaction passée entre noble écuyer Regnaud Le Vayer, sgr de Tregomar et la Haye-Pesnel, d'une part et les héritiers de feu Jean Nepvou, d'autre part, par laquelle ces derniers pour demeurer quittes de la saisie apposée de la part dudit seigneur sur les héritages dudit feu Nepvou, pour cause de désaveu, s'obligent à lui fournir, au terme de la Toussaints prochaine, une pipe de *vin d'Anjou*, rendue au manoir de Tregomar et déclarent quittes les religieux du prieuré Saint-Georges du reste du prix d'un contrat d'acquêt par eux fait jadis d'avec ledit feu Jean Nepvou.

— 36 —

*17 mai 1502.* — Echange passé entre les religieux de Saint-Georges de Tredias d'une part, et Bertrand *Guignel*, d'autre part, en vertu duquel ledit Bertrand cède auxdits religieux, savoir : une pièce de terre sise au tenement des *Champs Alieu*, contenant 1/2 journal, tenue prochement du sieur de la *Ruays*, en son bailliage du *Rochay*, à charge d'une écuellée d'avoine de rente mesure de Broons, 12 écuellées pour boisseau, au terme de Noël, dixme et obéissance et reçoit en retour, trois boisseaux de froment de rente, mesure de Plumaudan, dus audit couvent par Raoul Brexel, de la paroisse de Saint-Maden, sur l'hypothèque de ses héritages.

— 37 —

*29 septembre 1503.* — Acte passé entre le prieur de Saint-Georges, d'une part, et Olivier Le Clerc des Portes, d'autre part, par lequel il est reconnu que par acte du 22 février 1602, ledit prieur avait acquis dudit Le Clerc, au terme de réméré d'un an, un boisseau de froment de rente, mesure de Broons, deux carsonnières au boisseau, pour 40 sols monnoie, que ledit Le Clerc avoit remboursé ladite somme, ce qui rend nul désormais, ledit contrat.

— 38 —

*4 juin 1505.* — Contrat de vente consenti par Regnault Le Peltier au prieur de Saint-Georges de Tredias, à titre de réméré de six ans, de 4 boisseaux de froment de rente, mesure de Broons, à devoir de portage au terme de Noël au prieuré de Saint-Georges, sur l'hypothèque de tous les biens dudit Le Peltier, avec l'obligation

d'en faire assiette au choix dudit prieur, en cas de deffaut de payement d'une année de ladite rente.

## — 39-40 —

*8 février 1511.* — Echange conclu entre les religieux de Saint-
Georges d'une part, et Pierre Beaupail, faisant pour Jeanne *Henry*,
d'autre part, par lequel ledit Beaupail a cédé auxdits religieux,
savoir : une pièce de terre, sise au tenement des *Champs-Alieu*, contenant 4 verges, tenue prochement du sieur de la *Ruays*, franche
de rente et obéissance et seroit en retour, une pièce de terre sise
au ténement du *Valoréal*, contenant un 1/4 de journal, tenue
prochement de la seigneurie de Caesden , franche de rente. —
Ledit échange fut ratifié par contrat et annexé, par ladite Jeanne
Henry, femme dudit Beaupail.

## — 41 —

*15 juin 1513.* — Acquêt à titre de réméré de deux ans, fait par
le prieur de Saint-Georges d'avec Regnauld Le Peltier, de 6 boisseaux de froment de rente, mesure de Broons, au terme de Saint-
Gilles, sur l'hypothèque de tous ses biens.

## — 42 —

*2 mai 1514.* — Acte rapporté par la Cour d'Yvignac entre Jean
Mauffras, et Jeanne Nouel, sa femme, d'une part et le prieur de
Saint-Georges de Tredias, d'autre part, touchant la montrée et vue
d'héritages, ordonnée entre les parties.

## — 43 —

*14 avril* (après Pâques) *1516.* — Transaction entre les religieux
du prieuré de Saint-Georges, d'une part, et Jean *Mauffras* et Jeanne
Noël, sa femme, d'autre part, par laquelle il est reconnu qu'en
vertu d'un contrat du 6 janvier 1501, Bertrand Touche, premier
mari de ladite Jeanne Nouel, avait vendu aux religieux du prieuré
de Saint-Georges une pièce de terre au tenement des *Champs
Alieu,* dont ces derniers n'avoient payé qu'une partie du prix. Pour
mettre fin aux procès qui en résultèrent, ladite Nouel ratifia pure-

ment et simplement ledit contrat, devant l'engagement pris par les religieux de la faire participer, ainsi que Jean Mauffras, et leurs autres parents, aux prières et oraisons desdits religieux notamment le jour de la Saint-Georges au prône de la messe de Tremeur, et de les immatriculer pour ce au livre missel de ladite église de Saint-Georges.

## — 44-45 —

*24 janvier 1516-10 janvier 1520*. — Ratification de deux contrats passé depuis plus de 15 ans entre Mathurin Le Clerc, fils de Bertrand et Olivier Le Clerc, fils de Guillaume, et les religieux de Saint-Georges de Tredias, au sujet de la cession de deux pièces de terre sises au tenement des *Champs Alieu*.

## — 46 —

*31 mai 1521*. — Acte passé entre les religieux du prieuré de Saint-Georges, d'une part, et Olivier Le Clerc des Portes et Catherine Le Hérissé, sa femme, portant ratification de la vente faite le même jour, par ledit Le Clerc, aux religieux de Saint-Georges, de deux vergées de terre, nommées le *Clos Picard*.

## — 47 —

*3 juin 1521*. — Procès-verbal rapporté par experts entre les religieux de Saint-Georges, d'une part, et Olivier Le Clerc des Portes, couturier, d'autre part, portant mesurage et bornage de deux vergées de terre au *Clos Picart*, situé derrière le couvent de Saint-Georges, vendues par ledit Le Clerc auxdits religieux, lesquelles contiennent en largeur deux perches, depuis la sente ancienne qui conduit du moulin de Tredias à celui d'Yvignac jusqu'aux bornes opposées et 50 perches en longueur.

## — 48 —

*8 juillet 1521*. — Procès-verbal d'expert rapporté entre les religieux du prieuré de Saint-Georges, d'une part, et Catherine Aubry, veuve d'Olivier Dubois et consorts, d'autre part, portant mesurage et bornage d'une pièce de terre, sise aux *Champs Alieu*, près du couvent de Saint-Georges, tenue prochement du sgr de Brondineuc.

**— 49-52 —**

*1ᵉʳ juin 1521 — 31 décembre 1526.* — Quatre pièces de procédures et transactions passées entre les religieux du prieuré de Saint-Georges de Tredias, d'une part, et Olivier Le Clerc, couturier et Catherine Le Hérissé, sa femme, d'autre part, au sujet de divers héritages, sis aux *Champs Alieu*.

**— 53 —**

*3 octobre 1523.* — Partage en cinq lots des héritages dépendants de la succession de feu Raoul Coulombel, fait entre Jean Coulombel, l'aîné, Jean Coulombel, le jeune, Guillaume, Pierre, Petit Jouan et Jeanne Coulombel, sa femme, Julien La Franche et Jeanne Coulombel, sa femme. Au cours dudit partage, se voit que Petit Jouan et sa femme devaient payer 5 godets 1/2 de froment de rente au prieuré de Saint-Georges, pour leur lot, consistant en une maison, ses dépendances et courtil, contenant 2 rayes 1/2, une pièce dite du *Four*, contenant un journal, la pièce du *Clos Juhel*, contenant 10 seillons et celle du *Chemin battu*, contenant sept seillons.

**— 54 —**

*22 janvier 1531.* — Déclaration fournie au prieuré de Saint-Georges, par Jean Ouviel et Charlotte Pestel, sa femme, qui reconnaissent devoir chaque année au prieuré 4 godets de froment, mesure de Plumaudan, au terme de Noël, sur une pièce de terre nommée *Treslesbois*, contenant un 1/2 journal, une autre à la *Croix-Martin*, contenant 6 seillons et une autre de 10 seillons, nommée le *Foutel*.

**— 55 —**

*5 mai 1532.* — Vente consentie par Gilles Donné et Olive Dufresne, sa femme au prieuré de Saint-Georges du Pré de *Beaumont* contenant 5 vergées, joignant les terres du prieuré, d'une part, la Rivière qui descend du moulin de Tredias au moulin d'Yvignac sous Megrit, d'autre part, et tenu prochement de la seigneurie de Becherel, franc de rente et obéissance.

## — 56 —

*12 janvier 1539.* — Déclaration fournie au prieuré de Saint-Georges, par Dom Raoul Lambert, prêtre de la paroisse de Plumaudan, qui reconnaît devoir au prieuré, 5 godets de froment de rente annuelle au terme de Noël, faisant partie de la fondation hypothéquée sur tous ses biens et spécialement sur ceux qu'il tient du Roi prochement par la Cour de Dinan.

## — 57 —

*14 janvier 1539.* — Déclaration fournie au prieuré de Saint-Georges, par Michel Martin, de la paroisse de Saint-Juvat, qui reconnaît devoir au prieuré 2 godets de froment de rente annuelle au terme de Noël, faisant partie de la fondation autrefois faite au prieuré de Saint-Georges, par les princes et seigneurs de Dinan, laquelle se trouve hypothéquée sur tous ses biens et spécialement sur ceux qu'il tient prochement du Roi sous la Barre de Dinan.

## — 58 —

*14 janvier 1539.* — Déclaration fournie au prieuré de Saint-Georges par Guillaume Morin et Guillemette Sevestre, sa femme, de la paroisse de Plumaudan, qui reconnaissent devoir audit prieuré 3 boisseaux 1/2 de froment de rente annuelle au terme de Noël, faisant partie de la fondation faite autrefois audit prieuré par les princes et seigneurs de Dinan, et hypothéquée sur tous leurs biens, specialement sur ceux qu'ils tiennent prochement du Roi sous la Barre de Dinan.

## — 59 —

*13 mai 1553.* — Prise de possession du prieuré de Saint-Georges de Tredias par vénérable et discret messire Pierre Hubelin, prieur.

## — 60 —

*20 mai 1554.* — Assignation donnée en la Cour de Dinan aux hoirs de feu Guillaume Le Clavier, *Maître d'école* à Tredias, Guillemette Le Clavier, sa sœur, et Jean Le Clavier, son neveu, à la

requête du prieur de Saint-Georges, en demande de payement de
22 godets de froment de rente annuelle, mesure de Plumaudan,
faisant parlie de la dotation assignée audit couvent par les princes
et sires de Dinan.

— 61 —

*3 novembre 1555.* — Contrat d'échange de diverses pièces de terre
en la paroisse de Tremeur, passé entre messire Rolland de la
Motte, sgr de Menubois, d'une part, et le prieur de Saint-Georges
de Tredias, d'autre part.

— 62 —

*23 mars 1562.* — Procédure poursuivie devant la cour de Jugon
par le prieur de Saint-Georges de Tredias, contre Thomas Ragot,
pour le payement d'une rente arriérée de 15 sols monnoie.

— 63 —

*15 mai 1568.* — Fragments de procédure poursuivie en la cour
de Dinan et sentence rendue en icelle, à la requête du prieur de
Saint-Georges de Tredias, contre Macé Sevestre et Guillaume Morin,
époux de Guillemette Sevestre, en payement de diverses rentes ar-
riérées.

— 64 —

*11 juin 1569.* — Dénombrement des rentes dues au prieuré de
Saint-Georges de Tredias par les divers membres de la famille Lambert et se montant à 33 godets de froment, mesure de Plumaudan.

— 65-72 —

*27 mai 1571 — 9 septembre 1674.* — Huit fermes d'un trait de
dixme, ayant cours en la paroisse de Saint-Ygneuc, consentie pour
trois ans par le prieur de Saint-Georges de Tredias à écuyer François de Quergu[1], sgr de la Loge, puis à divers, qui en devront payer

---

[1] François DE QUERGU. — La famille de Kergu originaire de la paroisse de
Megrit où elle résidait dès le XIIIe siècle, portait pour armes : *D'argent à l'é-
pervier, essorant de sable, armé, becqué, longé et grilleté d'or.*

8 mines 6 boisseaux de bled, moitié seigle, moitié avoine grosse, mesure de Jugon.

## — 73 —

*1573.* — Fragments de procédures jugées au Présidial de Rennes entre le prieur de Saint-Georges de Tredias d'une part, et demoiselle Gillette de la Motte, veuve de feu M° Alain Bertho, sieur de Beaulieu, noble homme Mathurin Bertho, sgr de Vauvert, fils aîné, héritier principal et noble dudit feu sgr de Beaulieu, d'autre part, desquels il appert que par sentence dudit Présidial du 9 avril 1573, lesdits sieurs et dames Bertho ont été condamnés à rétablir et mettre lesdits religieux en possession et jouissance d'une métairie o ses appartenances, nommée *Querelleuc,* sise en la paroisse de Maroué.

## — 74 —

*20 octobre 1574.* — Contrat d'échange passé entre noble homme Charles Le Mintier, sgr de Pontalasne[1] et D<sup>lle</sup> Gillette de la *Motte,* sa femme, d'une part, et les religieux de Saint-Georges de Tredias, d'autre part, par lequel, lesdits sieur et dame cèdent auxdits religieux, savoir : la pièce de terre noble nommée *Le Correl* en Maroué, tenue prochement de ladite dame sans rentes et reçoivent en retour, une certaine quantité de terre en la *Champagne du Clos l'Abbé,* tenue prochement de la cour de Lamballe sans charge.

## — 75 —

*22 janvier 1575.* — Aveu rendu au couvent de Saint-Georges de Tredias, par Gilles Lecuyer de la paroisse de Plumaudan pour ses héritages tenus à 3 écuellées de froment de rente, mesure de Plumaudan.

## — 76 —

*3 mars 1575.* — Donation faite au prieuré de Saint-Georges de Tredias, par haut et puissant seigneur Louis d'Espinay, écuyer,

---

[1] Charles Le Mintier. — La famille Le Mintier, d'ancienne extraction chevaleresque, est originaire de la paroisse d'Hénon au diocèse de Saint Brieuc et porte pour armes : *De gueules à la croix engreslée d'argent,* Devise : *Deus meus... omnia sunt.*

sgr de la Marche, de ses terres des *Champs Alieu*, en la paroisse de Tremeur, tenues prochement de lui au petit baillage de Tremeur, franche de rentes, à charge auxdits religieux de prier pour lui, ses prédécesseurs et amis.

### — 77 —

*7 juin 1575.* — Donation, faite au prieuré de Saint-Georges de Tredias par haut et puissant seigneur Nicolas *Le Vayer*, sgr du *Lou*, en considération du titre de *Fondateur* du prieuré, acquis à ses prédécesseurs et à lui-même, de huit vergées de terre aux *Champs Alieu*, tenues prochement de la *Cour de la Guerinais*, au bailliage de la *Villebriand*, à charge de 2 sols 6 deniers de rente, dixme et obéissance, afin que lesdits religieux prient Dieu pour son âme et celles de ses prédécesseurs et amis.

### — 78 —

*28 mai 1580.* — Echange de diverses pièces de terre, tenues prochement de la Cour et juridiction de Dinan, à charge de payer au couvent de Saint-Georges de Tredias, 2 godets 1/2 de froment, mesure de Plumaudan, de rente annuelle, entre Jean Nogues et Eonnette Nepveu.

### — 79 —

*7 juin 1580.* — Plegement et opposition signifiée à la requête des religieux de Saint-Georges, opposants à la vente des héritages de Jean Lambert et Jeanne Pellan, sa femme, situés en la paroisse de Plumaudan, en conservation d'hypothèque de la rente de 3/4, 3 godets 1/2 et 4/5 de godet de froment de rente foncière, avec les arrérages dus depuis dix ans.

### — 80 —

*27 novembre 1581.* — Acte d'atournance expédiée aux plects généraux de la Cour du Lou, contenant la comparution desdits religieux de Saint-Georges, qui déclarent avoir fait assigner noble et puissant messire Jacques Le Vayer, sgr de Tregomar et du Lou, afin de faire atournance auxdits religieux des hommes et rentes, tant en bleds que deniers, leurs dues aux bailliages de Tredias et Languedias, transportées auxdits religieux par ledit seigneur en vertu, d'un contrat d'échange fait entre eux devant la Cour de Jugon le 2 août 1581. Sur quoi comparaît le Procureur dudit seigneur de Tregomar qui déclare accepter ladite atournance et en conséquence est faite aussitôt l'évocation des hommes et sujets des religieux auxdits bailliages, au nombre 76 pour le bailliage de Tredias, parmi lesquels : écuyer René de Kergu, sgr des Vaulx, dom Jean Bourgeault, Olivier du Pargatz, Laurence de Collinée, Yvonne du Pargatz, Pierre et Yvonne de Collinée et 20 au bailliage de *Languedias*.

— 81 —

*Janvier 1582*. — Aveu fourni au Prieuré de Saint-Georges par Guillaume Le Roy, à cause du baillage du Lou, s'étendant en la paroisse de Sainte-Urielle, pour divers héritages d'une contenance de 3 vergées, sis à la *Croix de Lesmel*, en Sainte-Urielle, près le chemin qui conduit à la *Croix de Lesmel* à la *Croix-Bidon* et pour nn fresche de 4 vergées sis au tènement de la *Croix de la Ville*, le tout, franc de rentes, dixmes et obéissances.

— 82 —

*15 février 1582*. — Fondation faite au couvent de Saint-Georges, par haut et puissant seigneur Louis d'Espinay, sgr de la Marche père et garde naturel de messire Charles *d'Espinay*, marquis de Vaucouleurs, sgr d'Yvignac, par laquelle il donne audit couvent à titre de fief :

1° *Le Pré des Couailles du Moulin de Tredias*, appartenant audit sgr à cause de sa châtellenie d'Yvignac, d'une contenance de 3 vergées, joignant d'un côté le *Chemin du Roy*, qui conduit du bourg de Trémeur au couvent de Saint-Georges, d'autre côté au pré des Religieux sis au devant du couvent et d'un bout au ruisseau qui flue du château de Broons au moulin de Tredias.

2° *Le Pré des Tertres* en la paroisse de Tremeur, sis au-dessous des jardins du couvent et contenant 4 vergées.

A charge auxdits religieux de dire et célébrer à l'avenir, dans leur église, deux messes basses, pour ledit seigneur, ses auteurs et la feue dame son épouse, l'une pour la dite dame le 20 octobre, jour de son décès, l'autre le jour de la Saint-Louis pendant la vie dudit seigneur et après son décès, le jour de sa mort, avec prières générales le jour de la Saint-Georges au prosne de la Grande Messe ; et lesdites terres devront être tenues prochement dudit seigneur, sans devoir de rente.

### — 83 —

*23 avril 1582.* — Contrat d'échange de diverses pièces de terre en la paroisse de Tredias, entre les religieux de Saint-Georges, d'une part, et Jean Le Nepveu, du bourg de Megrit.

### — 84-85 —

*26 novembre 1586 — 13 mai 1587.* — Deux contrats d'acquets de diverses pièces de terre au tenement des *Champs Alieu* faits par les religieux de Saint-Georges de Tredias, d'avec Julien Quinquenel et Guillaume Leclerc.

### — 86-87 —

*4 juin 1587 — 12 avril 1588.* — Echanges de diverses pièces de terre, à Trédias, passées entre les religieux de Saint-Georges, d'une part et Jacques Louëssant et D$^{lle}$ Jeanne Le Vayer, dame de Menubois, d'autre part.

### — 88 —

*10 octobre 1591.* — Assignation en demande d'aveu, payement de rentes et devoirs seigneuriaux, communication des titres, etc. ignifiée à Jean Beset, par les religieux de Saint-Georges de Tredias.

### — 89-92 —

*10 mars 1593 — 15 février 1599.* — Quatre contrats de vente de diverses terres en la paroisse de Tredias, nommées La *Champagne Dauffretz, Le Clos Pesaly, les Vignettes,* et la *Champagne des*

*Champs Alieu*, consentis aux religieux de Saint-Georges par Laurent Gauven, Robert Cleriou, Yvon Postel, Pierre Robert, Jehan Moysan, dit : le Brullé.

## — 93-96 —

*4 janvier 1595 — 16 mai-1609.* — Quatre aveux fournis aux religieux du prieuré de Saint-Georges de Tredias, pour diverses terres sises en ladite paroisse, par Regnauld Bonner, de la paroisse de Broons, Gilles Aubry, Jean Bourgeault, Laurent Etienne, de la paroisse de Tredias.

## — 97 —

*4 avril 1597.* — Echange de diverses pièces de terre en la paroisse de Tredias, tenues prochement du prieuré de Saint-Georges, passé entre Pierre Fournier et Jeanne Nepveu, sa femme, d'une part, et Laurent Fontaine et Perrine Bourgeault, d'autre part.

## — 98 —

*Décembre 1608.* — Permission donnée aux religieux de Saint-Georges, par haut et puissant seigneur, messire *Hercule de Rohan*, duc de *Montbazon*, pair et grand veneur de France, de tirer de l'arquebuse sur toutes sortes de gibier, non défendu par les Ordonnances sur les terres dépendantes du Prieuré.

## — 99 —

*27 juin 1612.* — Echange de divers héritages en la paroisse de Tredias, tenues prochement du prieuré de Saint-Georges, au bailliage de Tredias, francs de rente, sauf dixme et obéissance, passé entre Louis Nouvel et Bastienne Bourgeault, sa femme d'une part et Jean Donné et Louise Le Moine, d'autre part.

## — 100 —

*14 juin 1614.* — Partage des biens de feue Julienne Le Gallais, femme de Bertrand *Garnier*, en quatre lotties entre Julien, Guillaume, Perrine et Jeanne Garnier, ses enfants.

**— 101 —**

*2 juillet 1625.* — Vente consentie par Toussaint Cleriou et Yvonne Bourgeault, sa mère à messire François de Tremigon, vicomte de Kerinan, d'une pièce de terre en la paroisse de Tredias, nommée *Le Petit-Clos-Plessis,* contenant 20 vergées et relevant de la cour du prieuré de Saint-Georges au bailliage de Tredias, franche de rente.

**— 102 —**

*11 juillet 1625.* — Quittance du sergent bailliager du bailliage d'Yvignac, sous la juridiction de Bécherel, donnée au sergent bailliager du bailliage de Saint-Georges en acquit des religieux, de 31 sols 6 deniers de rente dues audit bailliager d'Yvignac.

**— 103 —**

*30 mars 1626.* — Echange de diverses pièces de terre en la paroisse de Tredias, nommées *Le Closset de l'Hopital,* Le *Daufray,* et le *Daufray Loré,* celle-ci sise près du chemin qui conduit de Menubois à la chapelle de Saint-Cast, passé entre les religieux du prieuré de Saint-Georges, d'une part, et Gille sBoudin, d'autre part.

**— 104 — 106 —**

*13 juin et 21 novembre 1628, — 21 octobre 1629.* — Trois actes d'acquêts de divers héritages en la paroisse de Tredias, et dépendant du prieuré contractés par des particuliers.

**— 107 —**

*16 août 1632.* — Transaction passée entre le prieur du prieuré de Saint-Georges de Tredias et Julien Cillard, au sujet de divers droits de passage, sur des prés dépendant des fiefs du *Moulin,* des *Tertres* et *Bonnet,* dépendant du prieuré.

**— 108-111 —**

*17 et 29 mai, 1er juin et 9 décembre 1634.* — Quatre aveux rendus au prieuré de Saint-Georges de Tredias, par des tenanciers de la paroisse de Languedias pour divers héritages, nommés *Le Champ Court*, les tenements du village du *Bos* et le ' *los Baudet* en la paroisse de Languedias et tenues dudit prieuré prochement, ligement, roturièrement, à saisine de bâton, devoir de foy, hommage et chambellenage.

— 112 —

*1er mai 1635*. — Vente du pré du *Pont du Chesnay* en la paroisse de Tredias contenant environ 6 vergées, tenu prochement pour une moitié du prieuré de Saint-Georges, et pour l'autre de la seigneurie de *Beaulieu*, le tout franc de rente, consenti par Pierre Fournier Jamet et Olive Fournier, sa femme, à Pierre Fournier, fils de Thomas Fournier.

— 113 —

*17 juillet 1635*. — Transaction passée entre les religieux de Saint Georges d'une part et Jean Fontaine et Marie Cleriou, sa femme, d'autre part, se portant garants pour les héritiers de Guillaume Bellanger ; et par laquelle ces derniers se rechargent de 3 godets de froments de rente dus sur le fief des *Bregeons du Clos-Lardon*.

— 114 —

*8 décembre 1635*. — Aveu de la pièce du *Clos Lardon*, sis au tenement de la *Planchette* et dépendant du bailliage du Lou s'étendant en Tredias et Sainte-Urielle, rendu au prieuré de Saint-Georges de Tredias, par Jean Fontaine qui doit pour ce 3 godets de froment au terme de Noël, mesure de Plumaudan.

— 115-116 —

*22 mars — 19 avril 1637*. — Deux contrats d'acquets de diverses pièces de terre en la paroisse de Sainte-Urielle au tenement des *Frischots de Sainte-Urielle*, fait par le prieur du prieuré de Saint-Georges, d'avec Pierre Brochu, Guillaume Le Barbier et Guillaume Donné.

*7 juillet. 20 octobre, 20 décembre 1637.* — Trois contrats d'échange de divers terrains et héritages, sis ès paroisses de Tredias et Sainte-Urielle et Tremeur, passés entre les religieux du prieuré de Saint-Georges, et : 1º dame Servanne Frostel, douairière, vicomtesse de Kerinan, tutrice de demoiselle Servanne de Tremigon[1], sa fille et autorisée de Messire Urbain d'Espinay, chevalier, sgr marquis de Vaucouleurs et de Sevignac ; 2º Jacquette Brochu, veuve d'Olivier Mouësan ; 3º Jacques Brochu.



*20 juillet 1640.* — Acte par lequel Guillaume Morel, malade au couvent de Saint-Georges, donne audit prieuré :

1º Le *Clos de la Bretle*, au tenement de Sainte-Urielle, contenant 13 vergées, à la condition « qu'il soit célébré chacun an à jamais trois services et chantages généraux d'une grande messe de *Requiem*, un nocturne des Morts et le *Libera*, à trois divers jours, savoir : le jour de la sépulture, le 1ᵉʳ lundi de Carême et le lundi de la Pentecoste dans l'église de Sainte-Urielle, par trois religieux ou autres prêtres, et une messe basse chacun desdits jours dans l'église dudit couvent, lesdites prières étant faites à l'intention du donateur, de ses amis et de sa femme.

2º Le *Clos de Sainte Urielle* et le *Clos des Bois*, à condition que les religieux remboursent le prix de ces deux pièces aux héritiers. Mais il est stipulé par ailleurs que ledit acte devient nul si le malade *relève et se guérit de sa maladie*.



*1643.* — Un cahier contenant *cent onze* aveux fournis au Roi par

---

[1] Servanne de TREMIGON. — Ancienne famille chevaleresque, originaire de la paroisse de Combourg, ancien évêché de Saint-Malo, et remontant à Messire Hervé de Tremigon, l'un des bienfaiteurs du prieuré de Combourg en 1160 et à Juhel de Tremigon, croisé en 1190. — Armes : *D'argent à l'écusson de gueules en abyme, accompagné de 6 fusées de même*, d'après un sceau de 1370.

des particuliers redevables de rentes diverses en froment au prieuré
de Saint-Georges.

— 233 —

*26 mai 1643.* — Vente d'un emplacement de maison, nommé la
*Basse-Ville*, sis au bourg de Tredias, contenant 6 vergées, et tenue
sous la vicomté de *Kerinan*, par le bailliage de Saint-Georges, consentie par Mathurin Josse et Jeanne Le Barbier, sa femme, à Vincente Donné.

— 234 —

*14 février 1645.* — Transaction entre le prieur de Saint-Georges
d'une part et écuyer Jean du Rocher, sgr du Dilly, par laquelle ce
dernier se désiste de l'opposition par lui formée au contrat d'acquêt
du 6 janvier 1644, fait par ledit sieur prieur, d'avec Guillaume Guil-
lois et Vincente, sa femme, d'une quantité de maisons, jardin et
héritages, moyennant une certaine somme.

— 235 —

*17 juillet 647.* — Copie d'une transaction passée entre les religieux de Saint-Georges de Tredias, d'une part, et dame Servanne
Frostel, femme autorisée de messire Urbain, chef de nom et
d'armes d'Espinay, marquis de Vaucouleurs, Yvignac, etc., ladite
dame agissant comme tutrice de Servanne de Tremigon, sa fille, et
de feu messire René de Tremigon vicomte de Kerinan, épouse du
sgr marquis d'Espinay, par laquelle il appert que ladite dame de
Vaucouleurs étoit sur le point de se pourvoir pour rescision et cas-
sation du contrat fait entre elle et le prieur de Tredias le 16 juillet
1637, pour raison de lésion d'une moitié, attendu que le revenu des
deux fiefs transportés par icelui, ne monte qu'à 18 livres de rente,
etc.; pour tout quoy terminer il est convenu que la rente de 120 livres
transportée par ledit acte et hypothéquée sur la terre du Mottay, est
réduite à 60 livrestournois de rente annuelle, à commencer à la Saint-
Michel suivante, et ce, jusqu'à l'amortissement de ladite rente au dernier vingt ou fournissement de nouvelle assiette à la même propor-
tion sur fonds capable. En conséquence, ledit contrat est ratifié.

— 236 —

*7 juin 1652*. — Aveu rendu au Roy par Julien Bonfilz, de Plumaudan, pour un logis et ses dépendances, au terroir de la *Louvière*,
en la paroisse de Plumaudan, joignant par derrière au chemin qui
conduit de la *Croix de la Louvière*, au pont' de la *Planche*, et pour
diverses pièces de terre sises en ladite paroisse, le tout tenu à deux
mailles monnaye de rente annuelle, et envers les religieux de Saint-
Georges à 10 godets 1/2 de froment, mesure de Plumaudan, au terme
de Noël, dont un godet en acquit de Guillaume Lesvier.

— 237 —

*12 juillet 1659*. — Procès-verbal rapporté à la requête du prieur
de Saint-Georges de Tredias, des vivres et effets à lui laissés par son
prédécesseur[1].

— 238 —

*4 décembre 1660*. — Monitoire obtenu par le prieur de Saint-
Georges de Tredias au sujet de violences commises dans le
couvent[2].

— 239 —

*16 septembre 1665*. — Procès-verbal des ornements du couvent
de Saint-Georges de Tredias[3].

— 234-241 —

*18 avril–16 décembre 1666*. — Deux quittances, l'une de 8 sols
7 deniers de rente et l'autre de 10 sols monnoie et 2 écuellées de
froment, dus au bailliage du *Grand-Blanc-Mouton*.

[1] Il est fort regrettable que ce procès-verbal, qui eût été sans doute fort curieux, n'ait été qu'indiqué dans notre *Inventaire*.

[2] Cette pièce n'est malheureusement qu'indiquée, ce qui nous laisse ignorer
de quelle nature avaient été les violences commises.

[3] Comme les précédentes, cette pièce n'est également qu'indiquée à l'*Inventaire*.

— 242 —

*27 décembre 1669.* — Transaction passée entre le prieur de Saint-Georges de Tredias, d'une part, et Pierre Brochu, fils de Laurent, agissant en son privé nom et pour Guillaume et François Brochu, ses fils, d'autre part, par lequel les parties conviennent que ledit prieur payera audit Brochu, une somme de 23 livres pour demeurer seul et paisible possesseur du *Courtil des Mottes*, contenant une vergée 1/5ᵉ dont ledit Brochu lui contestait la propriété.

— 243 —

*9 mars 1670.* — Quittance de 35 deniers de rente dus au prieuré de Saint-Georges de Tredias sur le bailliage de Menubois.

— 244 —

*6 novembre 1671.* — Acquet des religieux du prieuré de Saint-Georges d'avec Pierre Le Perrier, serviteur dudit couvent, d'un pré, situé au Pont de Tremeur et nommé le pré de la *Porte*, contenant 6 vergées, et dépendant de la seigneurie et bailliage de Beaulieu, franc de rente.

— 245 —

*19 juin 1672.* — Contrat d'échange passé entre les religieux du prieuré de Saint-Georges, d'une part et Pierre Pirouays, d'autre part, par lequel les religieux cèdent audit Pirouays, 10 vergées de terre en la *Champagne de Quiridy*, relevant de la seigneurie de Kergu au baillage de Menubois avec devoir d'obéissance et reçoivent en retour 10 vergées de terre en la *Champagne des Champs Alieu*, dépendant de la seigneurie de la *Gueurine* au bailliage du Grand-Blanc-Mouton.

— 246 —

*4 mars 1673.* — Signification aux religieux du prieuré de Saint-Georges de l'arrêt de la Chambre royalle decidant la réunion des hôpitaux.

— 247 —

*12 décembre 1673*. — Acte de réception du serment de fidélité
prêté au Roi par le prieur de Saint-Georges de Tredias.

— 248 —

*10 avril 1675*. — Aveu rendu par le prieur de Saint-Georges de
Tredias au seigneur du Noday, le Rochay, la Hautaie, etc., pour le
*Clos Pignari*, le *Clos dessus les Rues*, le *Pré-Affichart* et plusieurs
autres pièces de terre, tenues de lui à foy, hommage, chambellenage, et saisine de bâton à cause du bailliage de Tremeur, plus
envers ledit bailliage à une rente de 3o deniers monnoie au terme
de Saint-Gilles et au terme de Noël, trois boisseaux de seigle, quart
pour boisseau, mesure de Broons et une écuellée d'avoine grosse à
12 pour quart à ladite mesure.

— 249-251 —

*3, 4 et 5 mars 1676*. — Actes de notoriété passés devant les notaires de Broons, portant attestation des aumônes faites par le
couvent de Saint-Georges de Tredias.

— 252 —

*1677*. — Quittance de 12 deniers monnoie et deux écuellées de
froment de rente dues au bailliage de *Lohat,* dépendant de la Gueurine en Tremeur.

— 253 —

*14 février 1678*. — Quittance de 6 godets de froment, 2 écuellées
d'avoine et 10 deniers monnoie de rente dus au grand bailliage
d'Yvignac en Tremeur.

— 254 —

*26 mars 1678*. — Transaction passée entre les religieux de
Saint-Georges, d'une part, et Jeanne Tromecille, veuve de Jacques
Guillart, et femme d'Yves Lucas, d'autre part, au sujet d'une pièce

de terre nommée le *Clos de Sainte-Urielle*, sis vis-à-vis la maison presbytérale dudit lieu.

— 255 —

*17 mai 1679*. — Contrat d'échange passé entre les religieux de Saint-Georges, d'une part, et Gilles Le Cointe, époux de Gillette Touzé, sa femme, d'autre part, par lequel lesdits religieux, cèdent auxdits Le Cointe, une pièce de terré, nommée le *Clos de Sainte-Urielle*, contenant environ 14 vergées et sise vis-à-vis de la grande porte du presbytère dudit lieu, tenue prochement de la cour de l'*Abbaye*, franche de rente et un pré de 6 vergées, sis au pont de Tremeur, tenu prochement de l'*Abbaye de Beaulieu*, sous le bailliage de Tremeur, franc de rente, et reçoivent en retour : une pièce de terre de 24 vergées au tenement de *Saint-Cast*, en la paroisse de Tremeur, nommée le *Clos du Val*, tenu prochement de la seigneurie de *Quenoz* de Tremeur, avec une rente de 4 écuellées de froment, mesure de Broons, à 12 pour quart.

— 256 —

*26 juin 1679*. — Vente d'un journal 1/2 et 3 cordes de terre sis au *Clos du Val*, près la *Croix de Saint-Cast* en la paroisse de Tromeur, relevant prochainement de la juridiction du Mesnil au bailliage de Tremeur et tenu à une rente de 1/5e de 10 deniers monnoie et 1/5e du quart de deux écuellées de froment à 12 pour quart, mesure de Broons, consentie par Guy Jourdain, alloué de Dinan et Bertrande de Lambert, sa femme, aux religieux de Saint-Georges de Tredias.

— 257 —

*3 mars 1683*. — Ferme de 9 ans de deux pièces de terre dépendantes du couvent de Saint-Georges, situées près le village de la Chapelle, l'une nommée, le *Clos des Obits* contenant environ 7 vergées, et l'autre le *Clos de la Porte du pré Menard*, contenant 6 vergées, le tout se joignant, moyennant la somme de 4 livres par an.

— 258-377 —

*1684*. — Recueil de 119 aveux fournis au Roi par divers tenanciers, redevables de rente en froment au Prieuré de Saint-Georges de Tredias.

— 378 —

*5 décembre 1686*.. — Acte de partage en deux lots des successions de Julien Lésvier et Guillemette Vadis, sa femme, sur les héritages desquels il est dû aux Religieux de Saint-Georges de Tredias. 2 boisseaux, 2 godets, 2/8 de froment, mesure de Plumaudan, sans devoir de portage, lesdits religieux étant obligés à la cueillette.

— 379 —

*23 décembre 1686*. — Vente d'une pièce de terre, nommée le Clos dessus l'Etang, contenant 5 vergées, tenue prochement des seigneuries de la Gueurine et du Noday, consenti par Pierre Henry aux Religieux de Saint-Georges de Tredias.

— 380 —

*6 janvier 1688*. — Vente de la pièce de Grandchamp au tenement du prieuré de Saint-Georges, contenant 6 vergées, tenue prochement de la seigneurie d'Yvignac, sous l'obéissance du petit bailliage de Tremeur, à devoir d'une écuellée de froment de rente, mesure de Broons, au terme de Noël, consentie par François Gautier aux Religieux de Saint-Georges de Tredias.

— 381 —

*21 août 1688*. — Acte de résiliement de la ferme des dixmes dépendantes du prieuré de Saint-Georges de Tredias, qui avait été passé le 8 mai 1685.

— 382-389 —

*29 avril 1693*. — *2 juillet 1717*. — Huit quittances de diverses rentes en nature, dues par les religieux de Saint-Georges de Tredias au domaine du roy et au bailliage du Rochay, en Tremeur.

**— 390 —**

*1696-1698*. — Fragments de procédure engagées devant la sénéchaussée de Dinan, puis devant le présidial de Rennes en appel,
entre François Lamperière, Mathurine Coulombel et Nicolas Vadis,
son mari, contre les religieux de Saint-Georges de Tredias, au sujet
des rentes en froment dues au prieuré en la paroisse de Plumaudan.

**— 391 —**

*1697-1698*. — Fragments d'une curieuse procédure, mue devant
la sénéchaussée de Dinan, puis portée devant le Parlement de
Bretagne, entre le général et les paroissiens de Tremeur, appellant
contre les religieux du prieuré de Saint-Georges, deffendeur.

Ce procès avait pour objet la pourvoyance d'un *Enfant trouvé*.
Le général de Tremeur prétendait que les religieux jouissaient
d'une dixme en la paroisse de Saint-Ygneuc sur laquelle ils devaient
13 mines de seigle aux trésoriers de Tremeur pour l'*Assistance des
Pauvres*.

**— 392-396 —**

*22 mai 1701-12 février 1759*. — Cinq baux de ferme à moitié
fruits de la métairie de Saint-Georges, conclus pour 6 ans.

**— 397 —**

*29 décembre 1703*. — Vente du *Clos à la Hourque*, sis dans le
domaine des *Aulnais*, et contenant 18 seillons, joignant le chemin
de la *Ville-Bouchard* au *Pont Suas*, et chargé d'une rente de 10 godets de froment, mesure de Plumaudan au terme de Noël, envers
le prieuré de Saint-Georges de Tredias, consentie par Yves et Pe-
ronnelle Nogues à messire Pierre Hauoisée, seigneur de la Ville
au Comte, demeurant à Plumaudan.

**— 398 —**

*21 octobre 1704*. — Arrêt du Conseil d'Etat du Roy, concernant
le droit d'amortissement signifié aux religieux de Saint-Georges de
Tredias.

— 399-400 —

*22 octobre 1709.* — Sentence rendue en la juridiction de Quenoz, entre la dame de Quenoz et les religieux du prieuré de Saint-Georges et condamnant ces derniers à fournir aveu à ladite seigneurie de pièces de terres mentionnées dans des contrats des 17 mai et 26 juin 1679 et aussi à fournir *un homme vivant et mourant pour indemnité du fief.* A cette pièce est jointe l'induction des religieux de Saint-Georges de Tredias.

— 401 —

*28 mars 1710.* — Sentence de la Cour de Dinan, rendue entre le prieur de Saint-Georges de Tredias, demandeur, contre messire Gabriel, chef de nom et d'armes d'Espinay, marquis dudit lieu, deffendeur, lequel est condamné à payer au prieur une somme de 300 livres pour les cinq années, échues le jour de la Saint-Michel 1708, d'une rente de 60 livres avec intérêt, plus 60 livres pour la rente échue à la Saint-Michel précédente et à continuer à l'avenir le service de ladite rente.

— 402 —

*12 août 1716.* — Procès-verbal de saisie féodale apposée sur les héritages dépendant du prieuré de Saint-Georges de Tredias, sous la seigneurie d'Yvignac, faute d'aveu rendu à icelle.

— 403 —

*23 octobre 1716.* — Sentence de la juridiction de Dinan, rendue entre le prieur de Saint-Georges, d'une part, et demoiselle Guillemette Guymont, d'autre part, qui condamne cette dernière à remettre au prieur les titres, papiers et enseignements mentionnés en un récépissé consenti audit prieur, par feu Pierre Haouisée, son mari, le 11 février 1695.

— 404 —

*15 mars 1717.* — Sentence de la juridiction du Noday qui condamne le fermier de la métairie de *Saint-Georges* à payer à ladite seigneurie dans le délai de deux mois, le montant du rolle du bailliage du Rochay dont il avait été désigné pour faire la cueillette en 1715, sauf son recours envers le prieur de Saint-Georges.

— 405 —

*1er mars 1727.* — Contrat d'échange de diverses pièces de terre, passé entre le prieur de Saint-Georges de Tredias, d'une part, et Bertrand Le Clerc, époux de Michelle Le Breton, d'autre part, lesdites terres relevant prochement en roture de la seigneurie d'Yvignac.

— 406 —

*1742-1744.* — Fragments de procédure portées en première instance devant le présidial de Rennes et en appel devant le Parlement de Bretagne, entre messire René de Fontlebon, chevalier, sgr de la Jarretière, appellant contre les religieux de Saint-Georges de Tredias, intimés et deffendeurs. Par arrêt du Parlement du 22 août 1744 l'appellation est mise à néant et ledit de Fontlebon est condamné à payer aux religieux sur l'hypothèque des dixmes qu'il possède en la paroisse de Saint-Ygneuc, 10 mines de seigle dus à la mense conventuelle au terme de Saint-Michel.

— 407 —

*28 juillet 1745.* — Sentence de la seigneurie de Kergu, rendue entre le seigneur de Kergu, demandeur, contre les religieux de Saint-Georges, deffendeurs et défaillants, qui condamne ces derniers à rendre aveu à ladite seigneurie des heritages qu'ils possèdent sous icelle et à payer les lods, ventes, rentes et autres droits, permettant audit seigneur à défaut de ce d'apposer la saisie féodale.

— 408 —

*5 mai 1746.* — Cession consentie pour trois ans, par les religieux de Saint-Georges, de 80 boisseaux de seigle mesure de Jugon, dus chaque année auxdits religieux par messire René de Fontlebon, sur les dixmes de la paroisse de Saint-Ygneuc, moyennant la somme de 105 livres.

## — 409 —

*16 novembre 1760.* — Acte passé par devant les notaires royaux de Rennes par lequel demoiselle Angélique-Gabrielle Certainville, reconnaît avoir reçu des deniers de M. le comte de Bruc, faisant pour le prieur de Saint-Georges de Tredias la somme de 5oo livres pour le principal d'un contrat de constitution du 28 janvier 1756 et 2o livres, 2 sols, 9 deniers pour arrérages ; en conséquence elle remet la grosse dudit contrat de constitut comme duement acquitté. En marge est une déclaration de M. de Bruc du 2o septembre 1760, attestant que ladite somme fait partie du remboursement de la somme de 1200 livres par lui payée le même jour au prieur de Saint-Georges pour le principal de 6o livres de rente dues audit couvent par MM. d'Espinay, rente créée le 17 juillet 1647 par Servanne Frostel, femme de Messire Urbain d'Espinay.

## — 410 —

*2 octobre 1766.* — Déclaration sous seing privé, faite par dom Wastremaz, prieur de Saint-Georges de Tredias portant que ledit couvent a été fondé par Messire Geoffroy Le Vayer et sa femme en 1346 ; — que le revenu consiste en 8o boisseaux de seigle affermés 2oo livres ; — les froments de Plumaudan, échangés depuis 10 ans pour 25o livres de rente constituée ; — une métairie dans la cour de la maison, évaluée 5oo livres ; — un bois taillis évalué 10 livres sans y comprendre ce qu'il ne recevait plus, savoir : 3o mines de froment à Plumaudan, 8 pour la fondation de la chapelle de Saint-Michel à Jugon et 13 mines de seigle pour les pauvres passant et repassant, que le prieur est obligé de jurer avoir distribué ; et que cette rente est due actuellement par M. de Fontlebon.

## — 411 —

*24 juillet 1772.* — Sentence du siège royal de Dinan entre les régisseurs généraux du Domaine de Dinan demandeurs, le sieur de Saint-Pern du Lattay et le sieur Reslou de la Tisonnais, procureur du Roy audit siège, deffendeurs défaillants, M⁰ Basmeulle de

Lantillais, doyen des Avocats, substitut en cette partie du procureur général, demandeur vers le prieur de Saint-Georges, deffendeur et demandeur contre lesdits sieurs de Saint-Pern du Lattay et Reslou de la Tissonais ; laquelle faisant droit sur les conclusions dudit Basmeulle et dans les demandes dudit prieur, sans s'arrêter aux deffenses et exceptions dudit Saint-Pern et par le profit du défaut levé contre le sieur Reslou, déclare nul le contrat d'acquêt fait par ledit de Saint-Pern du Lattay d'avec le précédent prieur de de Saint-Georges le 20 mai 1765, et comme tel rejetté, cassé et annullé avec défenses auxdits sieurs du Lattay et Reslou de s'en servir désormais et aux rentiers et débiteurs de leur délivrer les rentes en froment y exprimées sous peine qui y échéent, et en conséquence réintègre le prieur de Saint-Georges dans la propriété et possession desdites rentes et autorise le prieur à les percevoir tant pour l'année courante que pour l'avenir avec permission de faire afficher cette sentence partout ou besoin sera.

A l'égard du Constitut referé audit contrat le prieur est de son consentement et sans préjudicier à ses droit, condamné à le délaisser audit sieur du Lattay et acte lui est décerné de n'en avoir jamais eu de grosse en sa possession. Il lui est permis d'en retirer une seconde et de la déposer au greffe. De plus sur la demande de régisseurs les sieurs du Lattay et Reslou sont renvoyés hors d'assignation et néanmoins le sieur du Lattay condamné aux despens.

Avant de faire droit sur la demande en restitution des fruits, ordonne au prieur d'en fournir l'articulation, deffenses sauves. Et avant de faire droit sur la remise des titres ordonne audit sieur de Saint-Pern d'avouer ou constater dans huitaine positivement, s'il est vrai que depuis l'époque du contrat, même depuis la demande du 31 janvier précédent, il ait eu dans ses possessions les actes, titres et rentiers, concernant les rentes par froment dont il s'agit et générallement tous et tels actes et pièces réclamées par ladite demande, depens réservés.

— 412 —

*31 décembre 1772.* — Aveu rendu par devant la cour de Plumaudan par Michel Le Marchand, pour divers héritages, tenus par lui roturièrement du roi sous le domaine de Dinan, sans devoir de rentes, mais à la charge de payer aux religieux de Saint-Georges de Tredias, 9 godets de froment, mesure de Plumaudan, au terme de Noël ; ladite rente requérable.

## — 413 —

*27 janvier 1773.* — Aveu rendu par François Bellebon et consorts qui confessent devoir au prieuré de Saint-Georges de Tredias 2 boisseaux 11 godets de froment en espèce, mesure de Plumaudan, rente royalle, nommée les *Fromentages de Plumaudan* et requérable chez les vassaux au terme de Noël, sur l'hypothèque des maisons, terres et heritages qu'ils possèdent au village de la Pessonnais en Plumaudan relevant en rôture du domaine de Dinan.

## — 414-415 —

*4 février 1773.* — Deux aveux rendus par Julien Tanguy, de Plumaudan et consorts et qui reconnaissent devoir sur divers heritages sis en ladite paroisse au village de la *Ville-Berthelot*, 6 boisseaux 11 godets de froment de rente, mesure de Plumaudan, au terme de Noël, querables par lesdits religieux.

## — 416 —

*11 mai 1774.* — Aveu rendu au prieuré de Saint-Georges de Tredias par Guillaume Hautière et consorts, qui reconnaissent devoir audit prieuré 6 godets 3/4 de froment de rente mesure de Plumaudan, au terme de Noël, sur leurs héritages de la *Ville-Clostière*, la *Rejuon*, les *Priliaux*, les *Martihes,* etc.

## — 417 —

*12 octobre 1774.* — Aveu rendu par Mathurin Le Gallais qui reconnaît devoir au prieuré de Saint-Georges de Tredias, 6 godets de froment de rente, mesure de Plumaudan pour une maison et courtil sis au village de la *Rchandais* en Saint-Maden.

— 418 —

*20 septembre 1775.* — Copie d'une requête présentée aux procureurs généraux du Parlement de Bretagne, par dom Watremaz, prieur de Saint-Georges de Trédias, constatant qu'il est dû plusieurs boisseaux de froment de rente audit prieuré ; — que le sieur Reslou, procureur du roi à Dinan, en avait franchi une portion et venait d'être condamné par sentence de la Cour de Dinan, d'en payer deux boisseaux et 1/2 de godet et qu'il est possesseur de partie des biens qui doivent le surplus, mais que ledit Reslou les avait spoliés à son prédécesseur et qu'il s'était passé un billet sous seing privé entre eux, justifiant la totalité de la rente due audit prieuré ; — que le sieur Beslay, le jeune, procureur à Dinan, était saisi de ce billet, mais qu'il ne le représenterait pas, crainte d'encourir la disgrâce dudit sieur Reslou ; que le suppliant l'avait vu ; en conséquence il requiert qu'il soit enjoint audit Beslay le jeune, de déposer ledit billet au greffe de Dinan ou chez un notaire.

---

A tous ces actes il convient d'ajouter, les trois pièces ci-dessous, conservées de nos jours aux *Archives du département des Côtes-du-Nord.*

1

*1347.* — Acte capitulaire, du Monastère de *Saint-Ursin au diocèse du Mans* concédant l'autorisation de consacrer la chapelle du Prieuré de Saint-Georges du Tredias.

2

*1er janvier 1554.* — Confirmation par Geoffroy Le Vayer et Jeanne Rouxel, sa femme, des dons faits en faveur du prieuré de Saint-Georges de Tredias lors de sa fondation.

3

*9 juillet 1666.* — Copie de ces deux actes et de ceux de la fondation et de la confirmation par Charles de Blois, faite à Dollo, le 9 juillet 1666 (*Arch. des Côtes-du-Nord*, série H).

# TABLE

## DES NOMS DE PERSONNES

### CITÉS DANS CET OUVRAGE

Vannes. — Imprimerie LAFOLYE, place des Lices.